未来を見つめる
エンディングノート

玲子さんのノートマーカー

このページのイラストは、
型から抜いてマーカー（しおり）として使えます。
クリップ部分でページをはさんでお使いください。
書きかけのページや、
読んでほしいページをはさむなど、
あなたのアイディアでご自由にどうぞ。

未来を見つめる
エンディングノート

未来を見つめる
エンディングノート

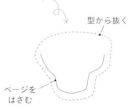

型から抜く

ページを
はさむ

未来を見つめる
エンディングノート

未来を見つめる
エンディングノート

家族のために　自分自身のために

このノートは、もしものときに役立つ
わたしの大切な情報をまとめたノートです。

名前

書き始めた日　　　　　　年　　　月　　　日

目次

- 10 「わたしのこと」基本データ
- 12 持病・常用薬などの情報
- 14 預貯金一覧
- 16 加入している保険一覧
- 30 学歴と職歴
- 31 今までの住所と電話番号
- 32 好きなこと
- 33 MEMO

（ はじめに ）（ いざというとき必要なこと ）（ お金・資産 ）（ わたしのこと ）（ 家族・親族 ）

- 04 はじめに
- 05 こんなときに役立ちます
- 08 書き方のコツとヒント
- 18 クレジットカード一覧
- 19 口座引き落とし
- 20 有価証券・その他の金融資産
- 21 不動産
- 22 その他の資産
- 23 大切なものリスト
- 24 借入金
- 25 ローン・キャッシング
- 26 加入している年金
- 27 MEMO
- 34 家族一覧
- 36 親族一覧
- 38 親族表
- 40 親族の命日 MEMO
- 41 冠婚葬祭 MEMO

| 友人・知人 | 医療・介護 | 葬儀・お墓 | 相続・遺言 | その他 |

48 病気になったら
52 介護が必要になったら

62 遺産相続について
64 遺言書について
66 遺産相続の希望
68 自筆証書遺言の例

42 友人・知人一覧
46 その他の連絡先一覧

56 葬儀についての希望
60 埋葬についての希望

70 持ち物の整理について
72 気になること
　携帯電話／パソコン・タブレットについて
　ペットについて
　その他気になることMEMO
76 大切な人へのメッセージ
78 MEMO

はじめに

この「未来を見つめる エンディングノート」は、あなたに関する情報を
だれにでもわかるように、まとめておくノートです。

エンディングノートの多くは、人生の終末に向けて、
相続、葬儀やお墓などの気がかりについて、きちんと考え、準備して、
残された家族の助けとなるように書き記すためのものです。
でも、このノートは、そのような「終活」に役立つだけではありません。

たとえば、あなたが突然入院したとき、
家族が知らないと困る、でも、実はきちんと伝えていない
「あなたのこと」があるのでは?
預貯金のこと、保険のこと、重要な連絡先など……。
それらの整理や記録は、つい先延ばしにしがちですが、
一度、きちんと書き出しておくと安心です。

また、財布をなくしたとき、
クレジットカード番号などを控えてあると役立ちます。

さらに、自分のこれまで歩んできた道を整理して書くことは、
これからの人生をどのように充実させるかを考えるヒントになります。

終活だけでなく、日常的にも役に立つエンディングノート。
「もしものとき」に、あなた自身やご家族をきっと助けてくれます。

こんなときに役立ちます

お財布を なくしたとき

お財布をなくしたとき、心配なのがクレジットカードやキャッシュカードの不正利用です。一人で何枚もカードを持つ時代。カード番号や引き落とし口座、発行会社や使用停止を届け出る連絡先などを記録しておけば、もしものときにも安心です。

突然、病気になったとき

家計や家事を一手に引き受けている人が入院したりすると、家族は、加入している医療保険や、光熱費など家計費の引き落とし口座がわからないなど、困ることも多いもの。家族に知っておいてほしいことを書いておくと役に立ちます。かかりつけの病院や病歴なども、本人以外は把握していないことも多いので、大事な情報になります。

家計や 老後の生活資金について考えるとき

預貯金や不動産など、現在の財産、そしてローンなどをリストアップすることで、老後（今後）必要な生活資金について考えることができます。また、もしものとき、どのような財産があるのかすぐにわかれば、残された家族が助かります。

スマホや パソコンが壊れたとき

最近はメールでの連絡が多く、住所録をきちんと整理していないという人も多いもの。スマートフォンやパソコンが壊れたり、スマートフォンを紛失したりしたときの備忘録としてエンディングノートに友人・知人の住所や電話番号、メールアドレスなどを書いておくと安心です。IDやパスワードも記録しておけば、忘れても大丈夫。

こんなときに役立ちます

介護を受けるようになったとき

要介護になったとき、どのような介護を受けたいか書いてあれば、介護を担う家族にとって役に立ちます。どのような食べ物、歌、テレビ番組が好きなのかなど、本人の好みや趣味がわかると介護もしやすいものです。また、どのような人生を歩んできたか、過ごした土地や学校などは、介護の際の会話のきっかけにもなります。

保険の見直しや保険を請求するとき

入りっぱなしになっていたり、どんな内容の保険に入っていたか忘れていることもよくあります。生命保険、医療保険、損害保険などを一覧にしておけば、見直しや新たに入るとき、保険を請求するような状況になったときにも役に立ちます。

財産をどのように相続させるか悩むとき

財産をリストアップすることで、どのような財産があるのか、どれを配偶者や子に引き継いでもらいたいのかを考えることができます。自分の考えがはっきりすれば、家族と話をするきっかけにもなるでしょう。遺言についての基本もわかるので、トラブルを防ぐための遺言作成のきっかけにもなり、残された家族も安心です。

事故や病気で意識がなくなったとき

延命治療を望むか望まないか、どのような治療を希望するか、本人に確認できない状況に陥ったとき、判断を託された家族はたいへん迷うものです。本人の意思が文書として明確になっていると、家族の判断の助けになります。臓器提供や献体について考えるきっかけにも。

葬儀やお墓で家族が迷ったとき

もしものとき、故人の希望がわかっていれば、葬儀の方針を決めるときに家族の悩みが少なくなります。また、本人も葬儀やお墓について考えることで、費用や生前に何を準備したらよいかが見えてきます。

親族や自分の家系について知りたいとき。冠婚葬祭に

親子で親族についての話をする機会は、意外と少ないものです。家系図や連絡先など、記録してあれば一目瞭然。親戚の連絡先は法事の連絡など、冠婚葬祭のときにも役立ちます。

家族が親戚、友人・知人の連絡先を知りたいとき

親戚、友人・知人など、病気や不幸の際に、家族が知らせる手立てとなります。だれに、どんなときに知らせてほしいのか、知らせなくていいのか、また、どういうつながりの友人、知人なのかなど、書いてあると役に立ちます。

大切なペットのことが心配なとき

自分では世話ができなくなったとき、どのようにしたいのか具体的に考えて準備をし、書いておくと安心です。家族などに世話をお願いする場合、ペットについての情報（かかりつけの病院や好き嫌いなど）が書いてあれば、世話をする側も安心して預かることができます。

パソコンや携帯電話の情報が心配なとき

もしものときにパソコンや携帯電話に蓄積された情報がどうなってしまうのか、心配な場合は、家族に、どのように処理をしてほしいか書いておけば安心です。

書き方のコツとヒント

① はじめに、名前を書きましょう。

1ページの名前の欄に、
だれが書いたのかがわかるように
名前を必ず書いておきます。
読んでほしい人の名前や
メッセージも
書いておくといいですね。

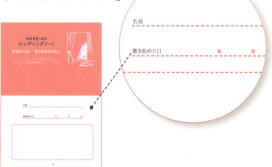

② まず、「いざというとき必要なこと」から書き始めましょう。

10～17ページは、緊急時に必要な「個人の基本情報」「緊急連絡先」
「保険証・免許証など」「かかりつけの病院」「常用薬」「預貯金」「保険」
について記入するページです。まずは、ここを書いておけばひと安心です。

③ あとは書けるところから、書いてみましょう。

緊急時に必要なことを記入したら、
あとは書きやすいところから、少しずつ書き進めましょう。
すべて完璧に仕上げようと思わず、楽な気持ちで始めたほうが続きます。

④ 必ず記入日を書きましょう。

各ページの上部に
「記入日」の欄があります。
いつの情報かがわかるように、
記入日は必ず書いておきましょう。
**書き直したときや、
書き足したときは、記入日を
修正しておくといいでしょう。**

❺ 筆記用具は、鉛筆でもボールペンでも OK。

このノートは、今のあなたの状態を記録するものです。
「将来、変わるかもしれないから今は書かないでおこう」と考えずに、
現在の情報を書いてください。状況が変わったら、**何度書き直しても、
書き足しても OK です**。できれば、誕生日や年の初めなどの節目の日に、
定期的に見直すといいですね。そして、更新した日付を必ず記入しておきましょう。
鉛筆や消せるボールペンで書いてもいいですし、
ペンで書いて修正液で消してもかまいません。
コピーした用紙や、パソコンやワープロで書いたものを貼ることもできます。

❻ 写真や住所録などが入った CD・DVD は、ビニールカバーのポケットに。

急に自分の顔写真が必要になったときのために、お気に入りの写真を
保管しておくと役立ちます。また、友人・知人の住所録などのデータを
CD や DVD に入れて保管しておくと、残された人が探しやすく便利です。
音楽葬を希望する場合は、好きな音楽の CD を入れておくと、
もしものときに家族が助かります。

❼ 今、読まれたくないページは綴じ込む。

預貯金や不動産、株、保険などの金融商品だけでなく、
形見分けをしたいと考えている宝飾品や骨董品などをわかるように書いておくことは
必要ですが、デリケートな内容である場合もあります。人に見られたくないと
思うページは、糊付けするなどして綴じ込んでおくようにしましょう。

❽ 書いたノートは大切に保管しましょう。

大切な情報を記入したノートは貴重品と同じです。
保管場所はよく考え、**紛失しないように気をつけましょう。**
もしものときにノートを見てほしい家族や信頼のおける人に、
保管場所を伝えておくといいでしょう。

〈免責事項〉本書が提供する情報や内容を利用することで生じた、いかなる損害及び問題に対しても、弊社では一切の責任を負いかねますので、ご了承ください。

「わたしのこと」基本データ

まず書いておきたいこと

記入日　　　年　　　月　　　日

POINT
* **突然の入院や万が一のときに必要となる情報**をまとめておきましょう。
* まずは 17 ページまで記入しておけば安心です。
* **名前**とページ右上の**記入日**から書き始めましょう。

ふりがな

名前　　　　　　　　　　　　　　　　　　　　　　（旧姓）

生年月日

　　　　　　　　　　　　年　　　　　月　　　　　日

血液型（RH ＋－）　　　　　　身長　　　　　　体重

住所　〒

電話　　　　　　　　　　　　携帯電話

FAX　　　　　　　　　　　　メールアドレス

本籍　　　　　　　　　　　　　　　　　　（出生地）

父の名前　　　　　　　　　　　誕生日　　　年　　　月　　　日
　　　　　　　　　　　　　　　命日　　　　年　　　月　　　日

母の名前　　　　　　　　　　　誕生日　　　年　　　月　　　日
　　　　　　　　　　　　　　　命日　　　　年　　　月　　　日

勤務先または所属団体　名称　　　　　　　　　所属

所在地

電話　　　　　　　　　　　　FAX

はじめに／いざというとき必要なこと／お金・資産／わたしのこと／家族・親族／友人・知人／医療・介護／葬儀・お墓／相続・遺言／その他

緊急連絡先

記入日　　　年　　　月　　　日

POINT

＊ いざというときに、**まっ先に知らせてほしい人の連絡先**を記入しましょう。

1 名前　　　　　　　　　　　　　　　　　　　　　**続柄**

　　連絡先

2 名前　　　　　　　　　　　　　　　　　　　　　**続柄**

　　連絡先

3 名前　　　　　　　　　　　　　　　　　　　　　**続柄**

　　連絡先

保険証・免許証など

POINT

＊ 健康保険証やパスポート等の**公的な管理番号**や、**その他の大切な番号**の控えをとっておきましょう。紛失したときなどに役立ちます。

名称	記号・番号	備考
健康保険証		
介護保険証		
後期高齢者医療保険証		
運転免許証		
パスポート		
住民票コード		
マイナンバー（個人番号）		

持病・常用薬などの情報

まず書いておきたいこと

記入日　　年　　月　　日

POINT
* 急な病気などのときに、普段の健康状態を知っている**かかりつけ医**がわかると家族は助かります。
* **薬**や**既往症**、**家族の病歴**なども、病気治療に役立つことがあります。

かかりつけの病院

病院名　　　　　　診療科　　　　　　担当医

☎　　　　　　　　　受診内容　　　　　患者登録番号

病院名　　　　　　診療科　　　　　　担当医

☎　　　　　　　　　受診内容　　　　　患者登録番号

病院名　　　　　　診療科　　　　　　担当医

☎　　　　　　　　　受診内容　　　　　患者登録番号

病院名　　　　　　診療科　　　　　　担当医

☎　　　　　　　　　受診内容　　　　　患者登録番号

病院名　　　　　　診療科　　　　　　担当医

☎　　　　　　　　　受診内容　　　　　患者登録番号

過去にかかったことのある主な病気

病名・症状　　　　　治療期間　　　　　病院名

記入日　　年　　月　　日

持病と飲んでいる薬

病名・症状　　　薬の名前

いつごろから?　　　年　　月　　病院・担当医

病名・症状　　　薬の名前

いつごろから?　　　年　　月　　病院・担当医

病名・症状　　　薬の名前

いつごろから?　　　年　　月　　病院・担当医

病名・症状　　　薬の名前

いつごろから?　　　年　　月　　病院・担当医

病名・症状　　　薬の名前

いつごろから?　　　年　　月　　病院・担当医

アレルギー　□ 無　　□ 有　**内容**

――― MEMO ―――
（両親・おじ・おば・兄弟姉妹等の病歴など）

預貯金一覧

まず書いておきたいこと

記入日　　年　　月　　日

POINT

* 銀行、郵便局、信用金庫など、あなたの**預貯金口座の一覧**を作っておきましょう。
* ネットバンク（インターネット銀行）の口座や、通帳のない口座なども、忘れずに書いておきましょう。
* 備考欄には、記入日現在の残高や、**その口座の主な用途など**を書いておくと便利です。

⚠ **注意！**
* 悪用される恐れがありますので、暗証番号は絶対に記入しないでください。
* 通帳や印鑑の保管場所は、ここには記入せずに家族や信頼のおける人に口頭で伝えておくことをおすすめします。
（通帳と印鑑は別の場所に保管しておくほうが安全です。）

記入例

金融機関	○○銀行	支店名・店番号	駅前支店・398	預貯金の種類	（普通）・定期・その他
口座番号	3983983	名義人	△山○子	Web用ID	1234567
備考	○年○月○日現在、残高68万5千円。年金振込口座				

預貯金 *1

金融機関		支店名・店番号		預貯金の種類	普通・定期・その他
口座番号		名義人		Web用ID	
備考					

預貯金 *2

金融機関		支店名・店番号		預貯金の種類	普通・定期・その他
口座番号		名義人		Web用ID	
備考					

預貯金 *3

金融機関		支店名・店番号		預貯金の種類	普通・定期・その他
口座番号		名義人		Web用ID	
備考					

記入日　　年　　月　　日

預貯金 * 4

金融機関	支店名・店番号	預貯金の種類 普通・定期・その他
口座番号	名義人	Web用ID
備考		

預貯金 * 5

金融機関	支店名・店番号	預貯金の種類 普通・定期・その他
口座番号	名義人	Web用ID
備考		

預貯金 * 6

金融機関	支店名・店番号	預貯金の種類 普通・定期・その他
口座番号	名義人	Web用ID
備考		

預貯金 * 7

金融機関	支店名・店番号	預貯金の種類 普通・定期・その他
口座番号	名義人	Web用ID
備考		

預貯金 * 8

金融機関	支店名・店番号	預貯金の種類 普通・定期・その他
口座番号	名義人	Web用ID
備考		

預貯金 * 9

金融機関	支店名・店番号	預貯金の種類 普通・定期・その他
口座番号	名義人	Web用ID
備考		

- はじめに
- いざというとき必要なこと
- お金・資産
- わたしのこと
- 家族・親族
- 友人・知人
- 医療・介護
- 葬儀・お墓
- 相続・遺言
- その他

加入している保険一覧

まず書いておきたいこと

記入日　　年　　月　　日

POINT
* 生命保険、医療保険、損害保険（自動車・火災・地震等）、個人年金保険など、もしものときにきちんと請求できるように、**契約している保険をまとめて記入**しておくと便利です。
* 自分はもちろん、家族にもわかりやすく書いておきましょう。
* 備考欄には、保険証券の保管場所や満期年月日などを記入しましょう。
* 個人年金保険については、「○年確定」「年金受取開始日」「年金額」などを内容欄に書いておきましょう。

記入例

保険会社名	保険の種類や商品名	主にどんなときに請求できるか	
日本生命	総合医療保険 A コース	病気やケガの死亡・入院時	
契約者名	誰に(何に)かけている保険か(被保険者名)	保険金受取人	証券番号
○山太郎	○山太郎	○山花子	A 12345-5432
保険期間	保険料・支払方法	連絡先・担当者	
20XX 年4月1日〜20XX 年3月31日	3000 円／月 口座引き落とし	TEL01-2345-△△△△ 担当○○さん	
内容（保険金額・特約など）		備考	
医療特約 3000 円／日　死亡時 1000 万円		○○銀行の貸金庫に保管	

保険 *1

保険会社名	保険の種類や商品名	主にどんなときに請求できるか	
契約者名	誰に(何に)かけている保険か(被保険者名)	保険金受取人	証券番号
保険期間	保険料・支払方法	連絡先・担当者	
内容（保険金額・特約など）		備考	

保険 *2

保険会社名	保険の種類や商品名	主にどんなときに請求できるか	
契約者名	誰に(何に)かけている保険か(被保険者名)	保険金受取人	証券番号
保険期間	保険料・支払方法	連絡先・担当者	
内容（保険金額・特約など）		備考	

記入日　　年　　月　　日

保険 ＊3

保険会社名	保険の種類や商品名	主にどんなときに請求できるか	
契約者名	誰に(何に)かけている保険か(被保険者名)	保険金受取人	証券番号
保険期間	保険料・支払方法	連絡先・担当者	
内容（保険金額・特約など）		備考	

保険 ＊4

保険会社名	保険の種類や商品名	主にどんなときに請求できるか	
契約者名	誰に(何に)かけている保険か(被保険者名)	保険金受取人	証券番号
保険期間	保険料・支払方法	連絡先・担当者	
内容（保険金額・特約など）		備考	

保険 ＊5

保険会社名	保険の種類や商品名	主にどんなときに請求できるか	
契約者名	誰に(何に)かけている保険か(被保険者名)	保険金受取人	証券番号
保険期間	保険料・支払方法	連絡先・担当者	
内容（保険金額・特約など）		備考	

保険 ＊6

保険会社名	保険の種類や商品名	主にどんなときに請求できるか	
契約者名	誰に(何に)かけている保険か(被保険者名)	保険金受取人	証券番号
保険期間	保険料・支払方法	連絡先・担当者	
内容（保険金額・特約など）		備考	

はじめに ／ いざというとき必要なこと ／ お金・資産 ／ わたしのこと ／ 家族・親族 ／ 友人・知人 ／ 医療・介護 ／ 葬儀・お墓 ／ 相続・遺言 ／ その他

クレジットカード一覧

記入日　　年　　月　　日

注意！
* 不正使用されないように、暗証番号は書かないでください。
* カード番号はすべて書かずに、一部を伏せ字「XXXX」などにしてもかまいません。

POINT
* 連絡先を記入しておくと、**紛失時に便利**です。
* ポイントカードにクレジット機能がついているものや普段使っていないカードも、忘れずに記入しておきましょう。
* ブランドとは、JCB、VISA、Master Card など。
* 発行会社はカードの裏に記載されています。

記入例

ブランド	発行会社	カード番号
VISA	三井住友カード	1234-5678-8765-XXXX
紛失時の連絡先	Web 用 ID	備考
TEL01-2345-△△△△	abcdef	年会費無料、公共料金支払い用

ブランド	発行会社	カード番号
紛失時の連絡先	Web 用 ID	備考

ブランド	発行会社	カード番号
紛失時の連絡先	Web 用 ID	備考

ブランド	発行会社	カード番号
紛失時の連絡先	Web 用 ID	備考

ブランド	発行会社	カード番号
紛失時の連絡先	Web 用 ID	備考

ブランド	発行会社	カード番号
紛失時の連絡先	Web 用 ID	備考

ブランド	発行会社	カード番号
紛失時の連絡先	Web 用 ID	備考

記入日　　　年　　　月　　　日

口座引き落とし

POINT

* 金融機関の**口座から自動引き落とし（口座自動振替）されているもの**を記入しましょう。
* 変更手続きの際などに家族が助かります。
* 公共料金などをクレジットカードで支払っている場合は、カード名を書いておきます。

* **人が亡くなると、その人の預貯金口座が凍結され、お金を動かせなくなります。口座からの自動引き落としもできなくなります。**

	項目	金融機関・支店名	口座番号	引き落とし日	備考
1	電気料金			毎月　　日	
2	ガス料金			毎月　　日	
3	水道料金			毎月　　日	
4	電話料金			毎月　　日	
5	携帯電話料金			毎月　　日	
6	NHK受信料			毎月　　日	
7	新聞購読料			毎月　　日	
8	保険料			毎月　　日	
9	クレジットカードの支払い			毎月　　日	
10				毎月　　日	
11				毎月　　日	
12				毎月　　日	
13				毎月　　日	
14				毎月　　日	
15				毎月　　日	

備考

有価証券・その他の金融資産

記入日　　年　　月　　日

POINT
* 株式、債券、投資信託、国債などの一覧です。
* ネット証券の口座も忘れずに書いておきましょう。
* 備考欄には記入日現在の金額や評価額を書いておくといいでしょう。
* 証券以外の金融資産（純金積立、ゴルフ会員権など）はその他の金融資産に記入しましょう。

証券口座

金融機関名	取り扱い店名	連絡先・担当者
銘柄	名義人	口座番号
Web用ID	備考	

金融機関名	取り扱い店名	連絡先・担当者
銘柄	名義人	口座番号
Web用ID	備考	

金融機関名	取り扱い店名	連絡先・担当者
銘柄	名義人	口座番号
Web用ID	備考	

その他の金融資産

POINT
* 証券口座以外の金融資産や、勤務先の持株会などに加入していれば、その内容も記入します。

名称・銘柄・内容	名義人	証券会社・金融機関・取り扱い会社	連絡先・備考
プラチナ積立	○山△男	○○商事	0120-○○○-△△△

記入日　　年　　月　　日

不動産

POINT
* 所有する不動産について記入します。
* 一戸建て（集合住宅以外）の場合、**土地と建物を別々に記入**しましょう。
* 登記簿の記載内容はなるべく書いておきましょう。

種類 □ 土地　□ 建物　□ マンション・アパート　□ 田畑
　　　　□ その他（　　　　　　　　　　　　　　　）

用途 □ 自宅　□ 別荘　□ 貸家　□ 店舗　□ その他（　　　　　）

名義人と持ち分
名前　　　　　　　　　％　名前　　　　　　　　　％　名前　　　　　　　　　％

登記簿記載事項（所在地・面積・抵当権の設定の有無など）

備考

種類 □ 土地　□ 建物　□ マンション・アパート　□ 田畑
　　　　□ その他（　　　　　　　　　　　　　　　）

用途 □ 自宅　□ 別荘　□ 貸家　□ 店舗　□ その他（　　　　　）

名義人と持ち分
名前　　　　　　　　　％　名前　　　　　　　　　％　名前　　　　　　　　　％

登記簿記載事項（所在地・面積・抵当権の設定の有無など）

備考

はじめに｜いざというとき必要なこと｜お金・資産｜わたしのこと｜家族・親族｜友人・知人｜医療・介護｜葬儀・お墓｜相続・遺言｜その他

その他の資産

POINT

* 美術品、書画骨董品、貴金属類、宝飾品、
  ゴルフ会員権、自動車など、**その他の財産を記入**しておきましょう。
* 大切なコレクションなどについては、次ページに記入しましょう。

その他の資産

記入日　　年　　月　　日

名称	内容・金額など	保管場所	備考

貸金庫・レンタル倉庫・トランクルームなど

記入日　　年　　月　　日

契約会社	連絡先	場所	保管しているもの	備考

貸しているお金

記入日　　年　　月　　日

貸した相手の名前	連絡先
貸した日	貸した金額	証書の有無　なし　あり　保管場所

返済について　　残債　　　　　　　円　　　　年　　月　　日現在

備考

大切なものリスト

記入日　　年　　月　　日

POINT

* コレクションや思い出の品など、あなたの**大切なものについて記入**しましょう。
* 高価なものに関しては、およその値段を書いておくといいでしょう。
* **このノートには法的効力はありません。**
「この人に譲りたい」といった希望がある場合は、遺言書を書いておきましょう。
* 備考には、その処分方法を希望する理由やメッセージを書いておくことをおすすめします。

種類・名称　　　　　　　　　　　もしものときの処分方法の希望

保管場所　　　　　　　　　　　　備考

種類・名称　　　　　　　　　　　もしものときの処分方法の希望

保管場所　　　　　　　　　　　　備考

種類・名称　　　　　　　　　　　もしものときの処分方法の希望

保管場所　　　　　　　　　　　　備考

種類・名称　　　　　　　　　　　もしものときの処分方法の希望

保管場所　　　　　　　　　　　　備考

種類・名称　　　　　　　　　　　もしものときの処分方法の希望

保管場所　　　　　　　　　　　　備考

種類・名称　　　　　　　　　　　もしものときの処分方法の希望

保管場所　　　　　　　　　　　　備考

──────── MEMO ────────

借入金

記入日　　年　　月　　日

POINT

* 借金などの**負債も相続の対象**になります。
* 知人の借金の保証人になった場合、その**保証債務も相続の対象**となります。
* 家族があなたの借金や保証債務などを知っていると、
  相続の際に相続放棄などを検討することができます。
* 家族をトラブルに巻き込まないために、借入金や保証債務の記録は大切です。
* 借用書がある場合は、その**保管場所も備考欄に記入**しておきましょう。

借入金

借入先	連絡先	借入額　　　借入日
		円　　年　月　日
借入目的	返済方法	借入残高
		円　　年　月　日
返済口座銀行名	完済予定日	担保の有無　なし　あり
保証人　なし　あり　保証人名		備考

借入先	連絡先	借入額　　　借入日
		円　　年　月　日
借入目的	返済方法	借入残高
		円　　年　月　日
返済口座銀行名	完済予定日	担保の有無　なし　あり
保証人　なし　あり　保証人名		備考

借入先	連絡先	借入額　　　借入日
		円　　年　月　日
借入目的	返済方法	借入残高
		円　　年　月　日
返済口座銀行名	完済予定日	担保の有無　なし　あり
保証人　なし　あり　保証人名		備考

保証債務（借金の保証人など）

保証人になった日　　年　月　日	保証した金額　　　　円
主債務者（あなたが保証した人）	連絡先
債権者（お金を貸した人）	連絡先
備考	

ローン・キャッシング

記入日　　年　　月　　日

POINT
* 現在、返済中のローンやキャッシングについて記載します。
* 返済方法には、毎月の返済日や返済額などを記入しましょう。

ローン

ローンの種類	□住宅　□自動車　□教育　□カード　□その他	
借入先	連絡先	借入額　　　　　円　年　月　日現在
返済方法	借入残高　　円　年　月　日現在	返済口座銀行名
完済予定日	担保の有無　なし　あり	保証人　なし　あり　保証人名
備考		

ローンの種類	□住宅　□自動車　□教育　□カード　□その他	
借入先	連絡先	借入額　　　　　円　年　月　日現在
返済方法	借入残高　　円　年　月　日現在	返済口座銀行名
完済予定日	担保の有無　なし　あり	保証人　なし　あり　保証人名
備考		

ローンの種類	□住宅　□自動車　□教育　□カード　□その他	
借入先	連絡先	借入額　　　　　円　年　月　日現在
返済方法	借入残高　　円　年　月　日現在	返済口座銀行名
完済予定日	担保の有無　なし　あり	保証人　なし　あり　保証人名
備考		

カードローン・キャッシング

借入先	カード会社名	カード番号	連絡先	借入残高	備考
				円　年　月　日現在	
				円　年　月　日現在	
				円　年　月　日現在	

加入している年金

記入日　　年　　月　　日

公的年金

基礎年金番号　　　　　　　　加入したことのある年金の種類

☐ 国民年金（自営業、学生、専業主婦、無職など）

☐ 厚生年金（サラリーマン）

☐ 共済年金（公務員）

☐ その他（国民年金基金など）

私的年金

POINT

* **企業年金や個人年金**についても記入しておきましょう。
　例）○○社厚生年金基金、○○社企業年金基金、確定拠出年金、財形年金など
* 申請や死亡時連絡は、**公的年金だけでなく私的年金について**も行いましょう。
* 個人年金保険については、16ページの保険一覧に記入しておきましょう。

名称	連絡先	備考

はじめに
いざというとき必要なこと
お金・資産
わたしのこと
家族・親族
友人・知人
医療・介護
葬儀・お墓
相続・遺言
その他

記入日　　年　　月　　日

MEMO

POINT

* 書ききれなかったことを書くスペースです。
* 通帳や印鑑などの保管場所を書く場合は、悪用されないよう、ここにはヒントだけ書いておくことをおすすめします。
* 大事なものの保管場所は、家族や信頼のおける人に口頭で伝えておきましょう。

MEMO

記入日　　　年　　月　　日

記入日　　年　　月　　日

学歴と職歴

記入日　　年　　月　　日

POINT
* 学歴は小学校から記入しましょう。
* 小学校入学は、自分の生まれた年に7年（早生まれの人は6年）を加えた年ですので、卒業はその6年後になります。
* **職歴は年金加入の確認にも必要**になる情報です。
* 「年」は、和暦と西暦の両方を書いておきましょう。

学歴

学校名　　　　　　　　　　　　　　　　　卒業年月

備考

学校名　　　　　　　　　　　　　　　　　卒業年月

備考

学校名　　　　　　　　　　　　　　　　　卒業年月

備考

学校名　　　　　　　　　　　　　　　　　卒業年月

備考

学校名　　　　　　　　　　　　　　　　　卒業年月

備考

職歴

会社名　　　　　　　　　　　　　　　　　入社年月

仕事内容や実績など

会社名　　　　　　　　　　　　　　　　　入社年月

仕事内容や実績など

会社名　　　　　　　　　　　　　　　　　入社年月

仕事内容や実績など

会社名　　　　　　　　　　　　　　　　　入社年月

仕事内容や実績など

今までの住所と電話番号

記入日　　年　　月　　日

POINT

* **過去に住んだことのある**住所・電話番号を記入しましょう。
* 詳しく思い出せない場合は、**県名や市町村名だけでも**書いておきましょう。
* 以前の住所や電話番号で登録した情報を探す際に役立ちます。

期間	住所	電話
年　　月〜		
年　　月〜		
年　　月〜		
年　　月〜		
年　　月〜		

―――― MEMO ――――

（書ききれなかったことを書いたり、印刷したものを貼っても OK です）

好きなこと

記入日　　年　　月　　日

POINT
* 自分の好みを書いておきましょう。
* もし介護されることになった際も、**あると助かる情報です。**

好きな食べ物	苦手な食べ物
好きな飲み物	苦手な飲み物
好きな花	好きな歌・音楽
好きな色	好きな香り
好きなテレビ・ラジオ番組	好きな動物
好きな本	好きな映画
好きな有名人	好きな場所

その他、好きなもの・こと

趣味	特技	性格

POINT
* 資格取得、受賞歴などがあれば書きましょう。
* サークル、ボランティア活動などに参加している場合は、書いておきましょう。

――― MEMO ―――

MEMO

記入日　　　年　　月　　日

POINT
* 結婚や子どもが誕生した年など、節目となる出来事を記録しておきましょう。
* 思い出に残ることを書いたり、お気に入りの写真を貼っておいてもいいでしょう。
* 写真には撮影日や撮影場所も忘れずに書き添えて。

家族一覧

記入日　　　年　　　月　　　日

POINT

* 家族について、まとめておくページです。
* 同居していない家族のことも書いておきましょう。

ふりがな		続柄	生年月日
名前			年　　　月　　　日

住所　〒

電話　　　　　　　　　　　携帯電話

メールアドレス

勤務先／学校　　　　　　　　連絡先

血液型　　　　　備考

ふりがな		続柄	生年月日
名前			年　　　月　　　日

住所　〒

電話　　　　　　　　　　　携帯電話

メールアドレス

勤務先／学校　　　　　　　　連絡先

血液型　　　　　備考

ふりがな		続柄	生年月日
名前			年　　　月　　　日

住所　〒

電話　　　　　　　　　　　携帯電話

メールアドレス

勤務先／学校　　　　　　　　連絡先

血液型　　　　　備考

- はじめに
- いざというとき必要なこと
- お金・資産
- わたしのこと
- 家族・親族
- 友人・知人
- 医療・介護
- 葬儀・お墓
- 相続・遺言
- その他

記入日　　　年　　　月　　　日

ふりがな	続柄	生年月日
名前		年　　月　　日

住所　〒

電話　　　　　　　　　　　　　携帯電話

メールアドレス

勤務先／学校　　　　　　　　　連絡先

血液型　　　　　　備考

ふりがな	続柄	生年月日
名前		年　　月　　日

住所　〒

電話　　　　　　　　　　　　　携帯電話

メールアドレス

勤務先／学校　　　　　　　　　連絡先

血液型　　　　　　備考

ふりがな	続柄	生年月日
名前		年　　月　　日

住所　〒

電話　　　　　　　　　　　　　携帯電話

メールアドレス

勤務先／学校　　　　　　　　　連絡先

血液型　　　　　　備考

親族一覧

記入日　　年　　月　　日

POINT
* おつきあいのある親族の連絡先をまとめておくページです。
* 家族が見たときわかりやすいよう、普段使っている呼び名や愛称なども記入しておきましょう。
* 間柄は、具体的に「いとこ（○○おじさんの長女）」などと書いておくとわかりやすくなります。
* 備考欄に家族構成などを書いておくと役に立ちます。
* **38 ページに親族表**があります。
* **このノート以外に住所録がある場合**や、携帯電話・パソコン・CD 等に連絡先データがある場合は、**所在を明記**しておきましょう。プリントアウトして貼ってもかまいません。
* 万が一、データを消失してしまったときもこのページが役立ちます。

このノート以外に連絡先データがある

☐ ノート・手帳・住所録など （保管場所　　　　　）
☐ 携帯電話　☐ パソコン （データの所在　　　　　）　☐ CD 等 （保管場所　　　　　）

備考

ふりがな		呼び名や愛称	間柄
名前			

住所　〒　　　　　　　　　　　　　　　　電話

携帯電話　　　　　　　　　　　メールアドレス

連絡してほしい「もしも」のとき　☐入院　☐危篤　☐通夜・葬儀　☐知らせない　☐その他（　　　）

備考

ふりがな		呼び名や愛称	間柄
名前			

住所　〒　　　　　　　　　　　　　　　　電話

携帯電話　　　　　　　　　　　メールアドレス

連絡してほしい「もしも」のとき　☐入院　☐危篤　☐通夜・葬儀　☐知らせない　☐その他（　　　）

備考

ふりがな		呼び名や愛称	間柄
名前			

住所　〒　　　　　　　　　　　　　　　　電話

携帯電話　　　　　　　　　　　メールアドレス

連絡してほしい「もしも」のとき　☐入院　☐危篤　☐通夜・葬儀　☐知らせない　☐その他（　　　）

備考

記入日　　年　　月　　日

ふりがな	呼び名や愛称	間柄
名前		

住所　〒　　　　　　　　　　　　　電話

携帯電話　　　　　　　　　　メールアドレス

連絡してほしい「もしも」のとき　□入院　□危篤　□通夜・葬儀　□知らせない　□その他（　　　）

備考

ふりがな	呼び名や愛称	間柄
名前		

住所　〒　　　　　　　　　　　　　電話

携帯電話　　　　　　　　　　メールアドレス

連絡してほしい「もしも」のとき　□入院　□危篤　□通夜・葬儀　□知らせない　□その他（　　　）

備考

ふりがな	呼び名や愛称	間柄
名前		

住所　〒　　　　　　　　　　　　　電話

携帯電話　　　　　　　　　　メールアドレス

連絡してほしい「もしも」のとき　□入院　□危篤　□通夜・葬儀　□知らせない　□その他（　　　）

備考

ふりがな	呼び名や愛称	間柄
名前		

住所　〒　　　　　　　　　　　　　電話

携帯電話　　　　　　　　　　メールアドレス

連絡してほしい「もしも」のとき　□入院　□危篤　□通夜・葬儀　□知らせない　□その他（　　　）

備考

ふりがな	呼び名や愛称	間柄
名前		

住所　〒　　　　　　　　　　　　　電話

携帯電話　　　　　　　　　　メールアドレス

連絡してほしい「もしも」のとき　□入院　□危篤　□通夜・葬儀　□知らせない　□その他（　　　）

備考

親族表

記入日　　年　　月　　日

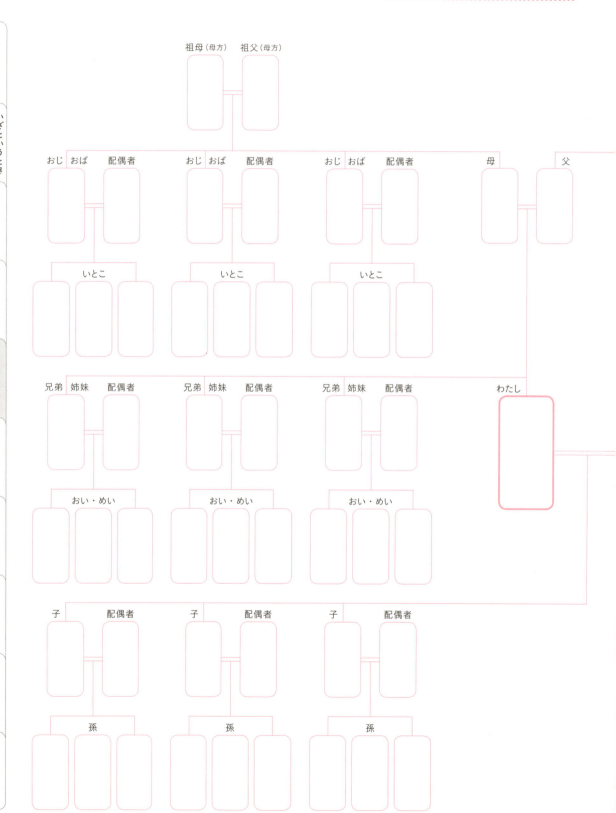

POINT

* 記入しておくと、**相続を考える際にも役立ちます。**
  法定相続人については、63ページを参照してください。
* 枠が足りない場合は、余白に書き加えてください。
* 名前がわからない場合は、
  枠の中に丸印だけでも書いておくようにしましょう。
* 亡くなった人は、
  命日などを次ページに記入しておきましょう。

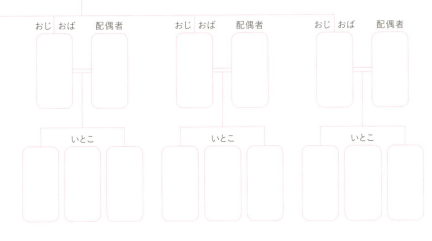

家紋

名称	
紋様	

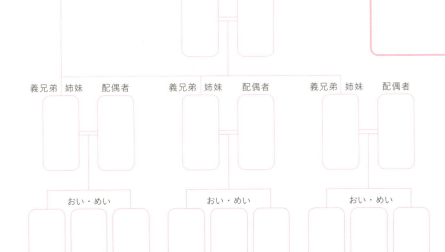

親族の命日 MEMO

記入日　　年　　月　　日

POINT

* 親族の命日を記入しておきましょう。

名前	間柄	命日
		年　月　日（享年　歳）

MEMO

名前	間柄	命日
		年　月　日（享年　歳）

MEMO

名前	間柄	命日
		年　月　日（享年　歳）

MEMO

名前	間柄	命日
		年　月　日（享年　歳）

MEMO

名前	間柄	命日
		年　月　日（享年　歳）

MEMO

名前	間柄	命日
		年　月　日（享年　歳）

MEMO

名前	間柄	命日
		年　月　日（享年　歳）

MEMO

POINT

* 親族に関することで、伝えたいことを書きましょう。
* 法要に関する決め事などあれば書いておきましょう。

MEMO

冠婚葬祭 MEMO

記入日　　年　　月　　日

POINT

* 家族・親族や大切な人の冠婚葬祭について記録しましょう。
* MEMO欄には、祝儀・不祝儀の金額をメモしておくと便利です。

日時	行事の内容	MEMO
例：20XX（平成X）年 11月 3日	夫の甥（隆くん）の結婚披露宴	夫婦で出席、ご祝儀○万円

友人・知人一覧

記入日　　年　　月　　日

POINT
* 友人や知人の連絡先をまとめておくページです。
* 間柄は、「山登りサークルの仲間」、「高校時代の友人、1年に一度は会う」など、具体的に書いておきましょう。
* 普段の呼び名（ニックネームなど）を書いておくと、家族にもわかりやすいです。
* **このノート以外に住所録がある場合**や、携帯電話・パソコン・CD等に連絡先データがある場合は、**所在を明記**しておきましょう。プリントアウトして貼ってもかまいません。
* 万が一、データを消失してしまったときもこのページが役立ちます。

このノート以外に連絡先データがある

☐ ノート・手帳・住所録など　保管場所
☐ 携帯電話　☐ パソコン　データの所在　　☐ CD等　保管場所
備考

ふりがな	呼び名やアドレス帳登録名	間柄
名前		

住所　〒　　　　　　　　　　　　　　　電話

携帯電話　　　　　　　　　メールアドレス

連絡してほしい「もしも」のとき　☐入院　☐危篤　☐通夜・葬儀　☐知らせない　☐その他
備考

ふりがな	呼び名やアドレス帳登録名	間柄
名前		

住所　〒　　　　　　　　　　　　　　　電話

携帯電話　　　　　　　　　メールアドレス

連絡してほしい「もしも」のとき　☐入院　☐危篤　☐通夜・葬儀　☐知らせない　☐その他
備考

記入日　　年　　月　　日

ふりがな	呼び名やアドレス帳登録名	間柄
名前		

住所 〒　　　　　　　　　　　　　　　　　電話

携帯電話　　　　　　　　　　メールアドレス

連絡してほしい「もしも」のとき　□入院　□危篤　□通夜・葬儀　□知らせない　□その他（　　）

備考

ふりがな	呼び名やアドレス帳登録名	間柄
名前		

住所 〒　　　　　　　　　　　　　　　　　電話

携帯電話　　　　　　　　　　メールアドレス

連絡してほしい「もしも」のとき　□入院　□危篤　□通夜・葬儀　□知らせない　□その他（　　）

備考

ふりがな	呼び名やアドレス帳登録名	間柄
名前		

住所 〒　　　　　　　　　　　　　　　　　電話

携帯電話　　　　　　　　　　メールアドレス

連絡してほしい「もしも」のとき　□入院　□危篤　□通夜・葬儀　□知らせない　□その他（　　）

備考

友人・知人一覧

記入日　　年　　月　　日

ふりがな	呼び名やアドレス帳登録名	間柄
名前		

住所 〒　　　　　　　　　　　　　　　　**電話**

携帯電話　　　　　　　　　　　　メールアドレス

連絡してほしい「もしも」のとき　□入院　□危篤　□通夜・葬儀　□知らせない　□その他（　　）

備考

ふりがな	呼び名やアドレス帳登録名	間柄
名前		

住所 〒　　　　　　　　　　　　　　　　**電話**

携帯電話　　　　　　　　　　　　メールアドレス

連絡してほしい「もしも」のとき　□入院　□危篤　□通夜・葬儀　□知らせない　□その他（　　）

備考

ふりがな	呼び名やアドレス帳登録名	間柄
名前		

住所 〒　　　　　　　　　　　　　　　　**電話**

携帯電話　　　　　　　　　　　　メールアドレス

連絡してほしい「もしも」のとき　□入院　□危篤　□通夜・葬儀　□知らせない　□その他（　　）

備考

記入日　　年　　月　　日

ふりがな	呼び名やアドレス帳登録名	間柄
名前		

住所 〒　　　　　　　　　　　　　　　　電話

携帯電話　　　　　　　　　　　メールアドレス

連絡してほしい「もしも」のとき　☐入院　☐危篤　☐通夜・葬儀　☐知らせない　☐その他（　　）

備考

ふりがな	呼び名やアドレス帳登録名	間柄
名前		

住所 〒　　　　　　　　　　　　　　　　電話

携帯電話　　　　　　　　　　　メールアドレス

連絡してほしい「もしも」のとき　☐入院　☐危篤　☐通夜・葬儀　☐知らせない　☐その他（　　）

備考

ふりがな	呼び名やアドレス帳登録名	間柄
名前		

住所 〒　　　　　　　　　　　　　　　　電話

携帯電話　　　　　　　　　　　メールアドレス

連絡してほしい「もしも」のとき　☐入院　☐危篤　☐通夜・葬儀　☐知らせない　☐その他（　　）

備考

タブ：はじめに ／ いざというとき必要なこと ／ お金・資産 ／ わたしのこと ／ 家族・親族 ／ **友人・知人** ／ 医療・介護 ／ 葬儀・お墓 ／ 相続・遺言 ／ その他

その他の連絡先一覧

記入日　　年　　月　　日

名称	どのような関わり？
電話	メールアドレス
住所　〒	備考

名称	どのような関わり？
電話	メールアドレス
住所　〒	備考

名称	どのような関わり？
電話	メールアドレス
住所　〒	備考

名称	どのような関わり？
電話	メールアドレス
住所　〒	備考

名称	どのような関わり？
電話	メールアドレス
住所　〒	備考

記入日　　　年　　月　　日

POINT
* もしものときに役立つように、**その他の主な連絡先**も記入しておきましょう。
* たとえば参加しているサークルや習い事の教室、同窓会などの連絡先を記入しておくと便利です。
* 万が一、データを消失してしまったときも役立ちます。
* 45ページまでの友人・知人の欄が足りない場合は、こちらに記入してもかまいません。

名称	どのような関わり？
電話	メールアドレス
住所 〒	備考

名称	どのような関わり？
電話	メールアドレス
住所 〒	備考

名称	どのような関わり？
電話	メールアドレス
住所 〒	備考

名称	どのような関わり？
電話	メールアドレス
住所 〒	備考

名称	どのような関わり？
電話	メールアドレス
住所 〒	備考

病気になったら

記入日　　年　　月　　日

POINT
* 病気になったときの**病名や余命の告知**について、
  また回復の見込みがなくなったときの**延命治療の選択**をチェックしましょう。
* 意識がなくなった状態でも、**本人の意思**がわかると家族の選択の助けになります。
* **「理由」**をきちんと書いておくと、あなたの意を汲みやすく、判断する家族の負担が軽くなります。

告知について

☐ 病名も余命も告知してほしい　　☐ 病名のみ告知してほしい
☐ 告知はしないでほしい　　　　　☐ 家族にまかせる
☐ その他（例：余命1年以内であれば知らせてほしい）

その理由は…

延命治療について

☐ 回復の見込みがなくてもできる限りの措置をしてほしい
☐ 回復の見込みがなければ延命の措置はしなくてよい
☐ 苦痛を和らげる措置だけはしてほしい　　☐ 家族にまかせる
☐ 尊厳死を希望し「宣言書」を作成している
　　　　「宣言書」は　☐自分で作成　☐日本尊厳死協会に入会　☐公正証書で作成

　　　保管場所

その理由は…

自ら判断できなくなったとき

自分にかわって意見を尊重してもらいたい人の名前

	名前	続柄	連絡先
第一希望			
第二希望			

その理由は…

Q 延命治療って？

A 一般的に、病気や事故により回復が見込めない状態になった場合の延命（生命の維持）を目的とした治療（措置）を延命治療と呼びます。延命治療には人工呼吸や、鼻から管を通して流動食を入れる経鼻栄養、静脈から栄養剤を点滴する中心静脈栄養、胃に穴をあけ管を取り付けて流動食を入れる胃ろう、心臓マッサージや電気ショックによる心肺蘇生措置などがあります。いったん措置を行うと中止することが難しいことも選択を困難にしています。

Q 尊厳死とは？

A 回復が見込まれない状態になったときに「いたずらに死期を延ばすための措置（延命治療）を行わず、人間としての尊厳を保ちながら死を迎える」ことを「尊厳死」と呼んでいます。

Q 「延命治療」を望まない場合は？

A 本人が尊厳死を望んでいても家族が延命治療を望む場合もあれば、医師が尊厳死を受け入れない場合もあります。本人が意思表示できない状態で延命治療を拒否するには、あらかじめ意思を文書にしておき、必要な状況になったら家族などから医師に示してもらう方法があります。ただし、この場合も家族の同意を得ておく必要があります。延命治療を望まない理由をしっかりと伝え、納得してもらいましょう。

Q 「尊厳死の宣言書（リビングウイル）」とは？

A 延命治療を望まない意思を文書にしたものが「尊厳死の宣言書（リビングウイル）」です。「宣言書」には「無意味な延命措置の拒否、苦痛緩和のための処置の実施、回復不可能な持続的植物状態での生命維持装置の拒否、要望にそった行為の責任は本人にあること」などを記します。宣言書は「日本尊厳死協会」に入会し協会発行の「リビングウイル」に署名する方法、公証役場で公正証書として作成する方法、自分自身で作成する方法があります。

詳しくは

* 日本尊厳死協会　☎ 03-3818-6563　www.songenshi-kyokai.com/
* 日本公証人連合会　☎ 03-3502-8050　www.koshonin.gr.jp/

病気になったら

記入日　　年　　月　　日

POINT
* 死後、**臓器提供や献体を希望する場合**は、生前の準備が必要です。
* 確実に実行してもらうためには、**家族にも同意**を得ておく必要があります。

臓器提供について

☐ 希望しない
☐ 臓器提供を希望する（心肺停止後・脳死後）

その理由は…

臓器提供の意思表示は？

☐ 臓器提供意思表示カードに記入　　保管場所

☐ 健康保険証、運転免許証に記入　　保管場所

☐ インターネットにより意思登録済み　　ID

☐ アイバンクに登録　　登録先　　　　　　　　　連絡先

献体について

☐ 希望しない

☐ 献体を希望する　　登録先　　　　　　　　　連絡先

その理由は…

―――― MEMO ――――

Q 「臓器提供」とは？

A　病気で苦しむ人のために、死後、臓器を摘出して提供するのが臓器提供です。臓器提供には「心臓が停止した死後」と「脳死後」（心臓は動いているが脳死と診断された場合）の提供があります。本人の意思が不明であっても家族の承諾があれば臓器提供はできますが、本人の意思がはっきりしていなければ家族はなかなか決断できないものです。臓器提供の意思がある場合は、十分に家族と話し合いをしておきましょう。

Q 臓器提供するには？

A　臓器提供の意思をはっきりさせておくには、健康保険証や運転免許証、臓器提供意思表示カードの記入欄に記入するほか、公益社団法人日本臓器移植ネットワークのウェブサイトから意思登録をすることができます。厳しい条件はありますが、親族に優先的に提供できる場合もあります。角膜提供を希望する場合は、全国のアイバンクに登録する方法があります。

Q 「献体」とは？

A　献体は、遺体を医学・歯学の大学での教育・研究に役立たせるために、無条件・無報酬で提供することをいいます。

Q 献体するには？

A　献体を希望する場合は、献体登録の必要があります。登録先は居住地の献体篤志家団体か医科大学（大学医学部）、歯科大学（大学歯学部）です。登録するには所定の申込用紙を登録先に請求し、必要事項を記入し押印したうえで返送します。書類には家族の同意の押印も必要です。献体登録をしても家族が一人でも反対すれば献体はできないので、登録の際には家族全員（配偶者、親、子、兄弟姉妹など2親等以内）の同意を得ることが重要です。

Q 「臓器提供」「献体」をするとお葬式はできない？

A　臓器摘出には数時間かかりますが、摘出後はきれいに縫合されて戻ってくるので、普通にお葬式ができます。献体は、死後48時間以内の提供が目安なので、お葬式は可能です。献体の場合は、実習後、遺体が火葬されて戻ってくるまでに1～3年かかります。

詳しくは

* （公財）日本篤志献体協会　　☎ 03-3345-8498　　www.kentai.or.jp/
* （公社）日本臓器移植ネットワーク　☎ 03-5446-8800　　www.jotnw.or.jp/
* （公財）日本アイバンク協会　　☎ 03-3293-6616　　www.j-eyebank.or.jp/

介護が必要になったら

記入日　　年　　月　　日

POINT

* 身体的な状況や認知症などで介護が必要になった場合、どうしたいのか、どうしてほしいのかを記しておきましょう。
* 介護の中心的役割をお願いしたい人（キーパーソン）には、その旨を伝えておきます。

身体的な理由で介護が必要になったら

介護してほしい場所と人は？

☐ 自宅で家族中心に　　☐ 自宅でヘルパー、介護サービスなどを中心に

☐ 病院や施設で　希望する施設名　　　　　　　☐ 家族にまかせる

☐ その他　希望すること

その理由は…

認知症で介護が必要になったら

介護してほしい場所と人は？

☐ 自宅で家族中心に　　☐ 自宅でヘルパー、介護サービスなどを中心に

☐ 病院や施設で　希望する施設名　　　　　　　☐ 家族にまかせる

☐ その他　希望すること

その理由は…

介護のキーパーソンをお願いしたい人

	名前	続柄	連絡先
第一希望			
第二希望			

その人に
お願いしたい理由は…

Q 介護サービスを受けるには？

A　介護が必要と思える状況になったら、まずは市区町村役所の介護保険担当窓口に行き、本人か家族が「要介護・要支援認定の申請」をします。居住地の地域包括支援センターや民生委員、指定の居宅介護支援事業者なども申請の代行をしてくれます。認定は市区町村の職員が本人や家族と面接し、心身の状況を調査後、主治医（かかりつけ医）が意見書を作成し、介護認定審査会で介護度を判定されます。要支援は２段階、要介護は５段階あります。要介護と認定されると介護保険の介護サービスが受けられます。要支援は介護予防サービスが受けられます。

Q 「地域包括支援センター」って何？

A　介護保険法で決められた、地域の高齢者や家族を、介護・福祉・健康・医療の面などから総合的に支えるために作られた組織です。社会福祉士、保健師、主任ケアマネージャーが配置され、要介護認定の申請手続きや要支援と認定された人や要支援の恐れのある人の介護予防ケアプランの作成、介護予防サービスのマネジメントなどを行います。高齢者のさまざまな問題を相談できます。居住地によって担当のセンターが決まっています。

Q 介護サービスの受け方は?

A　要介護と認定されたら、居宅介護支援事業者を選定し、契約します。ケアマネージャーと相談してケアプラン（介護計画）を作成し、ケアプランに基づき、サービス事業者と契約します。介護サービスには自宅でケアを受け、デイサービスセンターに通うなどの「在宅サービス」、特別養護老人ホームなどに入居して介護を受ける「施設サービス」などがあります。

Q 介護のキーパーソンって何？

A　介護が始まると、さまざまな選択、決断が必要になります。介護を担う子どもなどが複数いる場合は、それぞれの考えの違いからトラブルが起きることも。キーパーソンは家族の意見をとりまとめて、介護や治療の方針を決める中心となります。

―― MEMO ――

介護が必要になったら

記入日　　年　　月　　日

POINT
* 介護の費用についても記入しましょう。自分が希望する介護のために、**費用がどのくらいかかるのか**を考えるきっかけになるでしょう。
* 介護が必要になったときの**財産管理**について記しておくことも大事です。

介護の費用について

☐ 民間の介護保険に加入している　保険会社名　　　　　　　　　連絡先

☐ 介護用の貯蓄を用意している　金融機関名

口座　　　　　　　　　金額

☐ 特に用意していない　　☐ その他

財産の管理について

自分で管理できなくなったら

☐ 配偶者にまかせる　　☐ 子どもにまかせる　　名前

☐ その他（親戚、弁護士など）　名前

☐ 任意後見人を依頼済み

依頼した人　名前　　　　　　　　　連絡先

契約の内容

証書の保管場所

――― MEMO ―――
（現在、受けている介護サービスがあれば、記入しておきましょう。）

Q お金の管理ができなくなったら？

A 認知症などで判断能力が不十分になった場合に利用できる事業に「日常生活自立支援事業」があります。預金の払い戻しや解約、預け入れの手続きなど、日常的な金銭管理などを依頼することができますが、本人がこの契約内容について判断できる能力がある、と認められる必要があります。利用の相談は、市区町村の社会福祉協議会（社協）で受け付けています。

Q 任意後見制度を利用するには?

A 任意後見人になってもらう人に依頼し、報酬や契約内容を詳しく決めて、公証役場で公正証書を作成します。認知症などで判断能力が低下した場合、配偶者や4親等内の親族、任意後見受任者（任意後見人を引き受けた人）が家庭裁判所に任意後見監督人（任意後見人の仕事内容を監督する人）の選任を申し立てます。家庭裁判所が任意後見監督人を選任すると契約がスタートします。

Q 後見人とは?

A 認知症などで判断能力が衰えた場合に、財産の管理や病院や介護サービスの契約などを代行してくれる人が必要になります。この代行してくれる人が後見人（成年後見人）です。法律で決められた「成年後見制度」には、法定後見制度と任意後見制度があります。法定後見制度は、すでに判断能力がない人に関する後見制度で、家族などの申し立てにより家庭裁判所が選任します。任意後見制度は、判断能力があるうちに本人があらかじめ信頼できる人を任意後見人として選任し、公正証書で契約をする制度です。

Q 任意後見人はだれに頼む?

A 信頼できる人（成人）であれば、だれにでも依頼できます。家族や親戚、友人、弁護士、司法書士、介護福祉士などのほか、社会福祉協議会などの法人に依頼することもできます。最近は任意後見人の不祥事なども報じられているので、吟味することが大事です。

詳しくは

* 日本公証人連合会　☎ 03-3502-8050　www.koshonin.gr.jp/
* （公社）成年後見センター　リーガルサポート　☎ 03-3359-0541（本部）www.legal-support.or.jp/

葬儀についての希望

記入日　　年　　月　　日

POINT

* **どのような葬儀にしてほしいか**具体的に考えましょう。
* 家族にまかせたい場合も意思が明確であれば、家族は助かります。

葬儀の形式について

☐ 広く知らせて一般的な形式で　　☐ 家族葬で　　☐ 直葬で　　☐ 家族葬のあと、友人を招いたお別れ会を

☐ 家族にまかせる　　☐ その他

その理由は…

宗教について

☐ 仏教　　宗派　　　　　　菩提寺　　　　　　　　連絡先

☐ キリスト教　　教会　　　　　　　　　　　　　連絡先

☐ 神道　　神社　　　　　　　　　　　　　　　　連絡先

☐ その他の宗教　　　　☐ 無宗教葬でよい　　☐ 家族にまかせる

葬儀社について

☐ 生前予約している　　業者名　　　　　　　　　　連絡先

☐ 互助会に加入している　　業者名　　　　　　　　連絡先

☐ 依頼したい業者がある　　業者名　　　　　　　　連絡先

☐ 家族にまかせる

喪主・世話役について

喪主は　　　　　　　　　　にお願いする　　連絡先

世話役は　　　　　　　　　にお願いする　　連絡先

費用について

考えている金額　　　　　　　円〜　　　　　　　円

☐ 用意している　　預貯金・保険・その他　　　　　　　　　　　　☐ 特に用意していない

Q 家族葬とは？

A　家族や故人とごく親しい人のみで見送る小規模の葬儀をさすことが多いのですが、形態はさまざま。家族のみでの数人の葬儀から親戚や親しい人には知らせて数十人で行う葬儀もあります。小規模でも僧侶を招き読経、焼香を行う儀式を取り入れる家族葬もあれば、宗教的な儀式は行わず、家族だけで通夜を過ごし、お別れをする家族葬もあります。家族葬のあと、後日、友人・知人を招待して「お別れの会」を行うこともあります。

Q 葬儀にはいくらくらいかかる？

A　親族、友人・知人など広く知らせて、斎場などで通夜、葬儀・告別式を行う従来型の葬儀では、葬儀一式、飲食代、宗教者（仏教の場合は寺、僧侶）への支払いで200万円程度かかるといわれています。家族葬の費用は祭壇や会場、演出、僧侶を依頼するかなどにより違ってきます。直葬は棺や保管料、移送料、火葬料などで10万から30万円程度です。葬儀で香典を受け取る場合は、葬儀料金の一部をまかなうことができますが、香典を受け取らない場合は、全額が家族の負担になります。

Q 直葬とは？

A　葬儀、告別式のような儀式は行わず、亡くなった日は火葬場や遺体安置施設に遺体を預け（法律上、死後24時間たたないと火葬できない）、翌日、火葬場の炉の前で故人とのお別れをするのが直葬です。僧侶を依頼し、安置所で納棺する際や火葬場で炉に入れる前に読経してもらう場合もあります。費用は抑えられますが、葬儀には残された人が死を受け入れるためのプロセスとしての意味もあるので、火葬だけのお別れだと、遺族が大事な人の死を受け入れにくく、ダメージを引きずることもあります。

Q 生前に葬儀のプランを立てるには？

A　事前に葬儀の形式や内容（規模、形式、祭壇の形、演出など）、費用などを相談し、決めておくことができる生前予約（生前契約）を扱っている葬儀社があります。口頭で家族に希望を伝えておいても、何も準備をしていなければ実現が難しい場合もあるので、希望どおりに葬儀を行ってもらうには生前予約が有効です。葬儀社主催の「葬儀セミナー」「終活セミナー」なども参考になります。

詳しくは

* メモリアルアートの大野屋　☎ 0120-02-8888　www.ohnoya.co.jp/
* イオンのお葬式　☎ 0120-24-2828　www.aeonlife.jp/
* 公益社　☎ 0120-94-8341　www.koekisha.co.jp/

記入日　　年　　月　　日

葬儀についての希望

戒名について

☐ 費用はかかっても、よい戒名をつけてほしい　☐ 普通の戒名でよい
☐ 葬儀、納骨で必要ならつけてよい　☐ 戒名はつけなくてよい　☐ 家族にまかせる

☐ すでにある　戒名

授戒した寺など・連絡先

☐ その他

葬儀の祭壇

☐ 一般的な白木祭壇　☐ 花祭壇　希望の花

☐ あまりお金をかけなくてよい　☐ 家族にまかせる

☐ その他

遺影について

☐ 用意してある　保管場所

☐ 家族にまかせる

会場の飾りつけ・音楽

☐ 飾ってほしいものがある　具体的に　　保管場所

☐ 流してほしい音楽がある　具体的に　　保管場所

納棺時の服装

☐ 着せてほしい服（着物）がある

具体的に　　保管場所

☐ 家族にまかせる

記入日　　年　　月　　日

香典・供花について

☐ 香典も供花も受け取る　　☐ 香典は受け取らない　　☐ どちらも辞退する

☐ 受け取って寄付をする　　寄付先

☐ 家族にまかせる

☐ その他

会葬礼状について

☐ 葬儀社が用意したものを使う
☐ 自分で書いたものを使ってほしい

MEMO

香典返しについて

☐ 四十九日に行う　　返礼品の希望

☐ 葬儀当日に行う　　☐ 挨拶状だけ送る　　☐ 家族にまかせる

死亡通知について

☐ 年賀欠礼はがきでよい

☐ 葬儀後（葬儀をしない場合は死後）、　　　　日目を目安に送ってほしい

☐ 死亡通知の文章を用意している

MEMO

埋葬についての希望

記入日　　年　　月　　日

POINT
* お墓がある場合は 継いでもらう人（承継者）を考えておきましょう。
* お墓がない場合は 新たに建てるのか、どのような形の墓にしたいのか、費用はどうするか、なども考えておく必要があります。

埋葬の希望

☐ 先祖代々の墓、または生前に用意した墓に埋葬してほしい

墓地名　　　　　　　　　　　　所在地

契約者名　　　　　　　　管理会社　　　　　　　　連絡先

お墓は　　　　　　　（続柄）　　　　　　に承継してほしい

☐ 新たに購入してほしい（一般的な墓地・永代供養墓・納骨堂・樹木葬墓地など）

希望する墓地名　　　　　　　　　　所在地

費用は

☐ 預貯金を使ってほしい　予算は　　　　　　　　　　　円

☐ 生命保険をあててほしい　保険会社　　　　　　　連絡先

☐ 特に準備していない

☐ 散骨してほしい　希望する場所

☐ 家族にまかせる

☐ その他　具体的に

仏壇について

☐ 代々の仏壇を守ってほしい　　☐ 新たに購入してほしい

☐ 必要ない　　☐ 家族にまかせる

Q 永代供養墓とは？

A 一般的なお墓（墓地）には承継者が必要ですが、永代供養墓は承継者を必要としません。承継者にかわり、寺院や霊園の管理者が供養・管理するシステムです。また、生前に契約できるのも特徴です。管理の期間は納骨後20年とか三十三回忌までなど、墓地によって異なります。永代供養墓の形態もさまざまで、単独のお墓、納骨堂、最初から共同墓にほかの人の遺骨と一緒にする形、樹木葬などがあります。永代供養墓の費用も数万円から数百万円と幅があります。

Q 樹木葬とは？

A 樹木葬とは、霊園として許可された里山や墓地に遺骨を埋め、墓石（墓碑）のかわりに木を植える形のお墓です。一人の遺骨に対して1本の樹木を植える形、1本のシンボルツリーのまわりに複数の人の遺骨を埋める形などがあります。承継者を必要としない永代供養墓が多いのですが、最近は家族で入れる樹木葬墓地もあります。墓石代がかからないので費用がおさえられます。

Q 散骨するには？

A 遺骨を細かく砕き遺灰にして海や山などにまくのが散骨です。法的には「葬送のため節度を持って行えば遺骨遺棄罪にはあたらない（違法ではない）」という解釈がとられています。海での散骨を「海洋葬」という名前で扱っている専門の業者を利用する方法があります。散骨を希望する場合は、すべてをまくのか、一部は散骨して残りは墓に入れるのか、残りは自宅におくのかなども決めておきましょう。

Q 新たにお墓を建てる場合の費用は？

A お墓を建てる費用には主に①墓地使用料（墓地を利用する権利を得るための費用・永代使用料ともいう）、②墓石建立費（墓石費用のほか、加工、彫刻、外柵、工事費用など）、③年間管理料（墓地を維持、管理するための費用。契約後、毎年払う）があります。墓地使用料は立地や広さなどにより異なりますが、一般的には20万～200万円、墓石の費用は石の種類や量、加工方法などにもよりますが、100万～300万円が目安です。

なお、墓地の購入は所有権を得るのではなく、墓地としての使用権を得ることであり、承継者がいなくなれば墓地を返却しなければなりません。

詳しくは

* （一社）全国優良石材店（全優石）　☎ 0120-141-996　www.zenyuseki.or.jp/

遺産相続について

記入日　　年　　月　　日

POINT

* だれが相続人となるか、また、法定相続の場合の**財産の相続の割合は法律で決められています。**
* 相続人や法定相続について確認し、どのような相続をしたいのか考えます。相続関係が複雑な場合は弁護士や税理士など専門家に相談しましょう。
* 遺産相続では**法定相続よりも遺言による相続が優先**されます。必要に応じて遺言を作りましょう。

相続人は

配偶者

第1順位の相続人：子

第2順位の相続人：親

第3順位の相続人：兄弟姉妹

Q そもそも相続とは？

A　人が亡くなると、その人（被相続人）が所有していた財産や財産上の権利のいっさいを、その人と一定の身分関係にある人（相続人）が引き継ぐのが相続です。相続人は預貯金や不動産などの財産だけでなく、借金や未払いの税金などのマイナスの財産も引き継ぐことになります。相続は人が亡くなると同時に開始されます。

Q だれが相続人になる？

A　相続人（法定相続人）は法律で決められています。法定相続人には「配偶者相続人」と「血族相続人」があり、配偶者相続人は常に相続人になりますが、血族相続人には順位があります。第1順位の人がいれば第2、第3順位の人は相続人になれません。第1順位の人がいない場合に第2順位の人が、第1、第2順位の人がいない場合に第3順位の人が相続人になる仕組みです。

相続人の範囲と順序

配偶者相続人
夫、妻。法律上の婚姻関係にある人。常に相続人になれる。

第1順位（直系卑属）
子。非嫡出子、養子、胎児、子が亡くなっている場合の代襲相続人の孫、ひ孫なども含まれる。

第2順位（直系尊属）
被相続人の父母。被相続人に子がいない場合に相続人になる。父母が亡くなっていれば祖父母。

第3順位
兄弟姉妹。被相続人に直系卑属も直系尊属もいない場合に相続人になる。兄弟姉妹が亡くなっていれば、その子（おい、めい）。

Q 法定相続とは？

A 各相続人が取得できる財産の割合（相続分）は法律で決められています。遺産の相続分は、遺言があれば遺言に従いますが、遺言がない場合は相続人の話し合い（分割協議）によって相続分を決めます。その場合の目安になるのが法律で決められた相続分です。話し合いがつかない場合は法定相続に従います。

Q 法定相続人以外に財産を譲るには？

A 事実婚など法律上の婚姻関係のない妻や夫、子どもの配偶者などに、財産を相続させることはできません。事実婚の相手や世話になった息子の嫁や友人、知人などに財産を譲りたいとき、相続権のない孫や兄弟姉妹に譲りたいときは、法的に有効な遺言書を作成しておけば、譲ることができます。

Q 法定相続の割合は？

A 法律で決められた相続分は、だれが相続人であるかによって異なります。相続人が配偶者一人だけのときは配偶者がすべてを相続します。配偶者と血族相続人がいる場合は、血族相続人の順位と人数によって比率が変わります。

相続分の例
夫と子2人の場合

配偶者と子
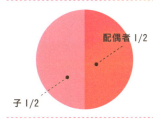

配偶者と子（直系卑属）がいる場合は、それぞれが1/2を相続する。子が複数の場合は1/2を頭数で等分する。子が亡くなっていて、その子（孫）がいる場合は孫が受け継ぐ（代襲相続という）。

配偶者と親
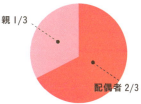

被相続人に子や孫（直系卑属）がいない場合は故人の父母（父母がいなければ祖父母）と遺産を分割する。配偶者が2/3、父母が1/3を受け継ぐ。配偶者がいなければ父母が全遺産を相続する。

配偶者と兄弟姉妹
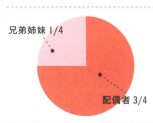

被相続人に子や孫（直系卑属）、父母や祖父母（直系尊属）がいない場合は、故人の兄弟姉妹と遺産を分割する。配偶者が3/4、兄弟姉妹が1/4。配偶者がいなければ兄弟姉妹が全遺産を相続する。

遺言書について

記入日　　年　　月　　日

POINT
* 最近は遺産の多寡にかかわらず、遺産相続に関するトラブルが増えています。
* トラブルを防ぐために**遺言書を作成することは、家族への思いやり**でもあります。
* トラブルが予想される場合は**公正証書遺言を作成**しておくと安心です。

遺言書

☐ 作成していない　　☐ 作成している

種類

作成日

保管場所

遺言執行者（67ページ参照）　　　　　　　　　連絡先

その他

―――― MEMO ――――

Q 法的に有効な遺言の種類とは？

A 遺言は必ず文書にしなければなりません。録画や録音などは認められていません。文書の仕方には法律で決められた方式があり、それに従って作成しないと無効になってしまいます。遺言の方式にはいくつかの種類がありますが、一般には自筆証書遺言か公正証書遺言で作成されることがほとんどです。

Q 自筆証書遺言とは？

A 全文を自筆で書く遺言（68・69ページ参照）で、手軽に作成できますが、書式、内容について、法律で決められた一定の条件を満たしていないと無効になってしまいます。遺言者の死後、遺言の発見者や保管者は、家庭裁判所に提出して検認の手続きを受ける必要があります。封印してある遺言書は裁判所で、すべての相続人に立ち合いの機会を与えたうえでないと開封できません。保管方法によっては、死後、発見されなかったり改ざんされたりする恐れもあります。

Q 公正証書遺言とは？

A 公証役場で証人2人以上の立ち合いのもとに、遺言者が遺言事項を口述し公証人が筆記して作成する遺言です。法的に正しい遺言が作成できます。原本は公証役場に保管され、原本の写しである正本、謄本は遺言者に渡されます。死後の家庭裁判所での検認も必要ないので、遺族はすぐに開封することができます。作成には費用（手数料・法律で決められている）がかかり、財産の額によって費用は変わります。

Q 遺言には何を書いてもいい？

A 遺言には何を書いてもかまいませんが、法律上、効力のある遺言事項は限られています。大きく分けて、身分に関すること、財産の処分に関すること、相続に関することの3つです。身分に関しては、婚外子の認知や未成年者の後見人の指定、後見監督人の指定など。財産の処分に関しては、遺贈（相続権のない人に財産を譲る）や寄付、信託など。相続に関しては、相続分や遺産分割の方法の指定や委託、遺言執行者の指定、祭祀承継の指定などがあります。法的な効力はなくても、遺言書を書くにあたっての心境や相続についての考え方、「家族みんなで仲良く暮らしてほしい」といった家族への思いなどを記しておくことは、財産トラブルを防ぐためにも意味があります。

遺産相続の希望

記入日　　年　　月　　日

POINT
* だれに何を相続させたいか記入しましょう。
  ただし、**このノートに記入しても法的効力はありません。**
* 法的効力を持たせるには、**このメモをもとに遺言書を作成**しましょう。
* 遺産相続について遺言を作成するときには
  「遺留分」（67ページ参照）についての配慮が必要です。

財産名　　　　　　　　　　　　　　　　　　**相続させたい相手**

その理由は…

財産名　　　　　　　　　　　　　　　　　　**相続させたい相手**

その理由は…

財産名　　　　　　　　　　　　　　　　　　**相続させたい相手**

その理由は…

財産名　　　　　　　　　　　　　　　　　　**相続させたい相手**

その理由は…

財産名　　　　　　　　　　　　　　　　　　**相続させたい相手**

その理由は…

財産名　　　　　　　　　　　　　　　　　　**相続させたい相手**

その理由は…

財産名　　　　　　　　　　　　　　　　　　**相続させたい相手**

その理由は…

財産名　　　　　　　　　　　　　　　　　　**相続させたい相手**

その理由は…

Q 遺留分とは？

A 法律では遺族の法定相続人としての権利や利益を守るために、相続できる最低限度の相続分を規定しています。それが遺留分です。遺産相続では遺言による相続が優先される、という大原則がありますが、たとえば、遺言に「遺産のすべてを長男に相続させる」と書いてあった場合、配偶者やほかの子どもたちなどの相続人としての権利と利益が侵されてしまいます。この場合、配偶者やほかの子どもは遺留分を長男に請求することができます。
遺留分は被相続人の配偶者、直系尊属、直系卑属のみに認められています。兄弟姉妹には認められていません。遺留分の割合は直系尊属のみが相続人の場合は法定相続分の1/3、その他の法定相続人の場合は法定相続分の1/2です。

遺留分の例

相続人が妻と長男、長女で「全財産を長男に相続させる」と遺言にあった場合

妻と長女が遺留分を請求すれば長男の相続分は5/8となる。

妻　　法定相続分1/2×1/2　1/4
長女　法定相続分1/4×1/2　1/8

Q 遺言執行者とは？

A 遺言書に書かれた内容を実現するために必要な行為を遺言の執行といいます。遺言の執行は、相続人や遺言で「遺言執行者」に指定された人が行います。遺言により指定された遺言執行者は遺言を執行するための遺産の管理や処分に対するいっさいの権利と義務を持ちます。遺言執行者は相続人でもなれますが、利害関係のない弁護士や税理士などの専門家に依頼したほうがいいでしょう。遺言執行者は遺言でのみ指定できます。

自筆証書遺言の例

遺言書

遺言者山本一郎は、妻花子が遺言者の死後、不自由のない生活を送れるように、次のように遺言する。

1　妻山本花子には次の財産を相続させる。
　（1）土地　東京都世田谷区〇〇町〇丁目〇番〇
　　　　　　宅地　〇〇〇平方メートル
　（2）建物　同所同番地〇所在
　　　　　　家屋番号　同町〇番〇
　　　　　　木造瓦葺2階建 居宅
　　　　　　床面積　1階〇〇平方メートル
　　　　　　　　　　2階〇〇平方メートル
　（3）前記家屋内にある什器備品その他一切の動産
　（4）〇〇銀行〇〇支店の遺言者の
　　　　普通預金（口座番号〇〇〇）・
　　　　定期預金（口座番号〇〇〇）の全額

2　長男太郎には次の財産を相続させる。
　（1）〇〇証券〇〇支店（口座番号〇〇〇）の
　　　　遺言者名義の有価証券のすべて

3　長女良子には次の財産を相続させる。
　（1）〇〇銀行〇〇支店の遺言者名義の定期預金
　　　　（口座番号〇〇〇）の全額

4　太郎の妻優子（昭和〇年〇月〇日生）には
　遺言者の介護に心を尽くしてくれた
　感謝の気持ちをこめて次の財産を遺贈する。
　（1）ゆうちょ銀行の遺言者名義の貯金 定額 ㊞
　　　　（記号〇〇〇番号〇〇〇）の全額。

この行弐字
加入
山本一郎

5　この遺言の遺言執行者には妻花子の弟の田中裕一
　（昭和〇年〇月〇日生）を指定する。

　　　　　　平成〇〇年〇月〇日
　　　　　　東京都世田谷区〇〇町〇丁目〇番〇

　　　　遺言者　山本一郎 ㊞

自筆証書遺言を書くとき

POINT

* 遺言を作成するときは、まず**財産リストを作り、だれにどの財産を相続させるか**考えます。
* 66ページのメモをもとに草稿や資料を準備し、弁護士・司法書士など**専門家に相談しましょう**。
* 作成したことを家族や**第三者に伝えておきましょう**。

自筆証書遺言作成のポイント（68ページの例）

① 全文、日付、氏名を自筆で書く。縦書きでも横書きでもかまわない。日付、氏名、押印の一つでも欠けると無効になる。

② タイトルの「遺言書」「遺言状」「遺言」などはなくてもかまわないが、あるほうが遺言として明確になる。

③ 不動産の表示は登記事項証明書の記載どおりに書く。

④ 預貯金や有価証券などは銀行名、証券会社名、支店名、種類、口座番号など客観的に特定できるように書く。

⑤ 相続人・受遺者は名前だけでも十分だが、同姓同名がいたり、法定相続人以外に遺贈する場合は、住所、生年月日なども併記して特定する。

⑥ 加除訂正は決められた方式で行う。加除訂正した部分に押印し、余白に訂正したことを記入し署名する。印鑑は⑨の署名に押したものを使う。

⑦ 遺言執行者の指定は遺言のみでできる。

⑧ 日付（作成年月日）は和暦でも西暦でもかまわない。年月日がないと無効になる。

⑨ 署名・押印は必須。押印は実印でなくてもよいとされているが、できれば実印を用いる。住所は書かなくてもかまわない。

その他
* 筆記用具に制限はないが改ざんの恐れのある鉛筆や消せるボールペンは避ける。
* 用紙に制限はないが、保存に耐えるもので A4 や B5 のサイズがよい。
* 書き上げたら封筒に入れて「遺言書在中」と上書をし、裏に作成年月日を記入し、署名、押印する。封印するかしないかは自由だが、しておいたほうがよい。

Q 遺言はどこに保管すればいい？

A 弁護士や税理士、信頼できる友人など、利害関係のない第三者に預けるか、銀行の貸金庫に預けるなどの方法があります。遺言書を作成したこと、だれに託したか、どこの公証役場で作成したのかなどを書いた文書を貸金庫に保管しておく方法もあります。ただし、貸金庫は相続が開始されると相続人すべての同意がないと開けることができません。

Q 作成した遺言は取り消せる？

A 遺言の撤回や変更はいつでもできます。すべてを取り消したいのであれば、自筆証書遺言であれば破棄します。公正証書遺言は公証役場で破棄の手続きをするか、新たに撤回する旨の遺言書を作成します。遺言書が2通以上ある場合は、最も新しい日付の遺言書が有効とされる規定です。書き直して不要になった遺言書は混乱を防ぐためにも破棄したほうがいいでしょう。

参考図書：遺言に関する詳細は、『最新版 遺言の書き方と相続・贈与』（主婦の友社）をご覧ください。

持ち物の整理について

記入日　　年　　月　　日

POINT

* あなたにとっての愛用品や愛着のあるものも、**家族には価値がわからない場合があります。**
  残された家族が困らないように、主だった持ち物についての処分について考えておきましょう。
* リストアップすることで、生前に処分するかどうか気持ちの整理もできます。
* 人に譲る、寄付する、捨てるなど、自分自身の手で生前に整理しておけば、暮らしもシンプルに。
* 今すぐ処分の決意がつかないものは、「70歳までに〇〇に寄付する」
  「75歳になったら孫の〇〇に譲る」などと、**目安と処分方法**を記入しておきましょう。

整理したい持ち物の例

写真やビデオ（自分や家族の）、本、洋服、着物、バッグ、服飾小物（アクセサリー、ブランドもののスカーフやネクタイなど）、趣味のもの（作品、花器、茶道具、書道具、カメラなど）、CD、DVD、人形、さまざまな書類（卒業証書、表彰状、手紙類）など

持ち物の種類（品名）　　　　　　　　　**保管場所**

処分方法　□自分で処分　捨てる、譲る、寄付する（具体的な寄付先）など

いつごろまでに

もしものときは……　□捨ててかまわない　□できればだれかにもらってほしい　□家族にまかせる

その他の希望

持ち物の種類（品名）　　　　　　　　　**保管場所**

処分方法　□自分で処分　捨てる、譲る、寄付する（具体的な寄付先）など

いつごろまでに

もしものときは……　□捨ててかまわない　□できればだれかにもらってほしい　□家族にまかせる

その他の希望

持ち物の種類（品名）　　　　　　　　　**保管場所**

処分方法　□自分で処分　捨てる、譲る、寄付する（具体的な寄付先）など

いつごろまでに

もしものときは……　□捨ててかまわない　□できればだれかにもらってほしい　□家族にまかせる

その他の希望

記入日　　　年　　　月　　　日

持ち物の種類（品名）　　　　　　　　　**保管場所**

処分方法　□ 自分で処分　捨てる、譲る、寄付する（具体的な寄付先）など

　　　　　　　　　　いつごろまでに

もしものときは……　□捨ててかまわない　□できればだれかにもらってほしい　□家族にまかせる

その他の希望

持ち物の種類（品名）　　　　　　　　　**保管場所**

処分方法　□ 自分で処分　捨てる、譲る、寄付する（具体的な寄付先）など

　　　　　　　　　　いつごろまでに

もしものときは……　□捨ててかまわない　□できればだれかにもらってほしい　□家族にまかせる

その他の希望

持ち物の種類（品名）　　　　　　　　　**保管場所**

処分方法　□ 自分で処分　捨てる、譲る、寄付する（具体的な寄付先）など

　　　　　　　　　　いつごろまでに

もしものときは……　□捨ててかまわない　□できればだれかにもらってほしい　□家族にまかせる

その他の希望

持ち物の種類（品名）　　　　　　　　　**保管場所**

処分方法　□ 自分で処分　捨てる、譲る、寄付する（具体的な寄付先）など

　　　　　　　　　　いつごろまでに

もしものときは……　□捨ててかまわない　□できればだれかにもらってほしい　□家族にまかせる

その他の希望

持ち物の種類（品名）　　　　　　　　　**保管場所**

処分方法　□ 自分で処分　捨てる、譲る、寄付する（具体的な寄付先）など

　　　　　　　　　　いつごろまでに

もしものときは……　□捨ててかまわない　□できればだれかにもらってほしい　□家族にまかせる

その他の希望

気になること

記入日　　年　　月　　日

携帯電話・パソコンについて

POINT

* 重要な情報やプライバシーに関わる内容等、携帯電話やパソコンに蓄積されたデータの、万が一のときの処理方法についても書いておくと安心です。

携帯電話について

契約会社　　　　　　　　　　　　　　名義人

携帯電話番号

携帯メールアドレス

紛失時・契約終了時の連絡先

料金プランなど

データについて　　☐ 見てよい　　☐ 見ないで破棄してほしい　　☐ 処分はまかせる

備考

パソコン・タブレットについて

メーカー	種類・型番	サポートセンターなどの連絡先

データについて　　☐ 見てよい　　☐ 見ないで破棄してほしい　　☐ 処分はまかせる

プロバイダ名　　　　　　　　　　　　プロバイダの連絡先

メールアドレス

ブログ・
ホームページアドレス

備考

ペットについて

記入日　　　年　　　月　　　日

POINT
* もしも**ペットの世話ができなくなったら……**、という状況を想定して、ペットに関する情報を記入しておきましょう。
* 書ききれない場合は、74ページからのMEMOページに記入してください。
* 備考には、いつもの散歩の時間や、好きな遊びなどを。

名前　　　　　　　　　　　　　種類

性別　　　　　　　　　　　　　生年月日　　　　　　　　年　　　月　　　日

登録番号　　　　　　　　　　　血統書　あり（　　　　　　　　　　　に保管）　なし

食事　　いつものごはん

　　　　好きな食べ物　　　　　　　　　　　きらいな食べ物

今までにかかった
病気・ケガなど　　　　　　　　　　　避妊手術・去勢手術

飼育場所

備考

かかりつけの動物病院

病院名　　　　　　　住所　　　　　　　　　　　　電話番号

備考

加入しているペット保険

保険会社名　　　　　　　　　　　　連絡先

保険の内容や請求方法など

行きつけのトリミングサロン、しつけ教室など

　　　　　　　連絡先
名称
　　　　　　　内容

　　　　　　　連絡先
名称
　　　　　　　内容

わたしが世話をできなくなったときの希望

その他気になること MEMO

記入日　　年　　月　　日

POINT　　　　　　　　　　　　　　　　　記入日　　　年　　月　　日

* 携帯電話やパソコン、ペットのこと以外にも
  ・仕事の引き継ぎ
  ・オンラインショッピングなどの有料会員サービス、新聞・雑誌などの定期購読サービス、定額制の動画配信サービスなどを利用している場合の解約
  ・利用しているSNSやブログ、その他のインターネットサービスなどの契約解除
  ・脱退手続きが必要な団体名と連絡先
  ・プライバシーに関わる日記や手紙、写真の処分方法など

気になることを書いておきましょう。

大切な人へのメッセージ

記入日　　年　　月　　日

_____ さんへ

_____ さんへ

_____ さんへ

- はじめに
- いざというとき必要なこと
- お金・資産
- わたしのこと
- 家族・親族
- 友人・知人
- 医療・介護
- 葬儀・お墓
- 相続・遺言
- その他

記入日　　年　　月　　日

POINT

* 家族や親族、友人・知人など大切な人への思いを書いておくと、**思いが伝わります。**
* **ひと言でもかまいません。** 感謝の気持ち、謝りたいこと、気になっていることなど、口ではなかなか伝えられないことを、書いて残しましょう。

　　　　　　さんへ

　　　　　　さんへ

　　　　　　さんへ

MEMO

記入日　　年　　月　　日

記入日　　年　　月　　日

POINT
* スペースが足りなくて、書ききれなかったことを書くスペースです。
* カバーのポケットに CD や DVD を保管する場合、その中身を書いておきましょう。
* CD や DVD の中身をプリントアウトして貼っておいてもいいでしょう。

はじめに

いざというとき必要なこと

お金・資産

わたしのこと

家族・親族

友人・知人

医療・介護

葬儀・お墓

相続・遺言

その他

装丁・レイアウト／若井裕美
画／西村玲子
編集／田﨑佳子
編集担当／依田邦代（主婦の友社）

未来を見つめる エンディングノート

2017年 5月31日　第1刷発行
2018年12月31日　第4刷発行

編者　主婦の友社
発行者　矢﨑謙三
発行所　株式会社主婦の友社
　　　　〒101-8911
　　　　東京都千代田区神田駿河台2-9
　　　　電話 03-5280-7537（編集）
　　　　　　 03-5280-7551（販売）
印刷所　大日本印刷株式会社

© Shufunotomo Co., Ltd. 2017
Printed in Japan
ISBN978-4-07-424266-5

Ⓡ 本書を無断で複写複製（電子化を含む）することは、著作権法上の例外を除き、禁じられています。本書をコピーされる場合は、事前に公益社団法人日本複製権センター（JRRC）の許諾を受けてください。また本書を代行業者等の第三者に依頼してスキャンやデジタル化することは、たとえ個人や家庭内での利用であっても一切認められておりません。
JRRC〈http://www.jrrc.or.jp　eメール：jrrc_info@jrrc.or.jp　電話：03-3401-2382〉

■本書の内容に関するお問い合わせ、また、印刷・製本など製造上の不良がございましたら、主婦の友社（電話 03-5280-7537）にご連絡ください。
■主婦の友社が発行する書籍・ムックのご注文は、お近くの書店か主婦の友社コールセンター（電話 0120-916-892）まで。
※お問い合わせ受付時間　月〜金（祝日を除く）9：30〜17：30
主婦の友社ホームページ　http://www.shufunotomo.co.jp/

〈免責事項〉
本書が提供する情報や内容を利用することで生じた、いかなる損害及び問題に対しても、弊社では一切の責任を負いかねますので、ご了承ください。